# CAEN SOUS JEAN-SANS-TERRE.

# CAEN SOUS JEAN-SANS-TERRE.

---

## FRAGMENT HISTORIQUE

PAR

## M. G. MANCEL,

MEMBRE DE LA SOCIÉTÉ DES ANTIQUAIRES DE NORMANDIE.

# CAEN,

CHEZ A. HARDEL, SUCC. DE T. CHALOPIN,
IMPRIMEUR DE L'ACADÉMIE ET DES SOCIÉTÉS SAVANTES.

---

**1840.**

A

# MONSIEUR P.-A. LAIR,

*En faisant imprimer ces quelques pages extraites d'un ouvrage que des circonstances indépendantes de la volonté des auteurs retardent dans sa publication, j'ai cédé au désir de faire connaître des faits restés ignorés jusqu'à ce jour, et je cède à un sentiment de vénération profonde et de respectueuse amitié, en les dédiant à l'homme qui s'intéresse le plus à tout ce qui concerne la ville de Caen, à tout ce qui appartient à son histoire.*

G. MANCEL.

Juillet 1840.

# CAEN SOUS JEAN-SANS-TERRE.

Jean-Sans-Terre, perfide conspirateur sous son père , Henri II , et sous son frère Richard , ne changea pas de caractère en changeant de position. Il continua d'être l'homme des complots ténébreux et des sourdes intrigues et n'eut jamais le courage de résister en face du danger. A peine eut-il ceint l'épée ducale et mis sur sa tête la couronne d'Angleterre, qu'il se laissa arracher par le roi de France plusieurs châteaux forts sur l'Eure , l'Iton et la Rille , ainsi que le comté et la ville d'Evreux , prémières pertes qui présagèrent celles de toutes les possessions qu'il avait sur le continent. Philippe-Auguste, il est vrai , orgueilleux et politique, n'avait pas attendu la mort de Richard-Cœur-de-Lion pour se promettre ouvertement la conquête de la Normandie, mais les talents militaires de son rival l'avaient ajournée. C'était à la faiblesse de Jean de réaliser ses espérances.

Cependant à l'époque de leurs premiers succès, les Français n'étaient pas préparés pour une invasion définitive ; ils acceptèrent donc volontiers un armistice. Philippe profita du temps que lui donna cette paix pour recevoir Arthur de Bretagne à sa cour et l'engager à faire valoir ses droits au trône d'Angleterre ; il se mit ensuite en rapport avec les barons de l'Anjou, du Maine et de la Touraine, et s'efforça sous main de les détourner du parti de son adversaire. Mais il cessa bientôt ces menées secrètes, car Arthur ayant été par lui armé chevalier au mois de juillet 1202 et ayant reçu la main de sa fille Marie, avec une somme d'argent assez considérable et deux cents chevaliers, se fit, dès la première campagne, prendre par Jean-Sans-Terre, en personne, sous les murs du château de Mirebeau, près Poitiers, où il était allé assiéger son aïeule Eléonore. Cette capture et les événements qui la suivirent hâtèrent la catastrophe impatiemment attendue par le roi de France.

Le siège de Mirebeau ne fut pas seulement fatal au duc de Bretagne : pas un des chevaliers de son armée n'échappa à la mort ou à la prison, tous, chargés de fers furent envoyés sur des charrettes, les uns en Normandie, les autres en Angleterre. Le château de Caen fut choisi pour y renfermer Hugues le Brun, comte de la Marche et seigneur de Lusignan.

Les circonstances romanesques de la vie du comte de la Marche sont si singulières, leur caractère de douce chevalerie est si étrange à cette époque où tous les sentiments naturels semblaient effacés, que nous croyons, à leur sujet, devoir nous permettre une digression qui ne sera d'ailleurs pas entièrement hors de propos, ces circonstances se rattachant sous plusieurs points à l'histoire du château de Caen.

Hugues le Brun était vassal de Jean-Sans-Terre ; dans les commencements de l'an 1200, le 28 janvier, il était venu à Caen avec Raoul, comte d'Eu, et dans un acte qui nous a été conservé, passé devant Guillaume Du Hommet, connétable de Normandie, Guillaume Maréchal, comte de Pembrock, Jean de Pratell, Geoffroi de Celle, Garin de Glapion et Guillaume de l'Etang, ces deux barons s'étaient reconnus hommes liges du roi d'Angleterre :

« A tous présents et à venir, avaient-ils écrit, faisons
« savoir que moi, Hugues le Brun, comte de la Marche,
« et moi, Raoul, comte d'Eu, sommes les hommes liges
« de notre illustre seigneur, Jean, roi d'Angleterre, que
« nous aiderons fidèlement à sa gloire et à son profit,
« contre tous hommes et femmes qui peuvent vivre et
« mourir, et dans toutes les occasions et par tous les
« moyens qui seront en notre pouvoir, et de tout notre
« pouvoir lui prêterons fidèlement assistance pour re-
« chercher, recouvrer et conserver ses droits, contre
« tous, fût-ce même contre ceux qui sont ou qui seront
« de notre famille. »

« Tant qu'il sera en notre pouvoir, nous ne souffrirons
« que notre seigneur, le roi d'Angleterre, en quelque
« manière, en quelque temps de notre vie et en quoi que
« ce soit, éprouve tort ou soit lésé par le fait de nos pa-
« rents ou autres. »

« Et pour certaine garantie du maintien perpétuel de
« toutes ces promesses et de notre bonne foi, nous l'assu-
« rons tant par nous et nos serments que par nos hommes
« dont les noms suivent et par leurs serments. »

Venaient ensuite les noms de Gosselin de Lezay, de Hugues de Rupefort, de Jean d'Airan, et de dix autres témoins pour le comte de la Marche. Raoul, comte d'Eu, n'avait que cinq témoins.

De son côté, d'après les usages de la féodalité, en retour des obligations contractées par ces vassaux, Jean

leur avait promis aide et loyale protection ; dans un autre
acte signé le même jour par les mêmes, il s'exprimait
ainsi :

« Jean, par la grâce de Dieu, roi d'Angleterre, etc....
« à tous ceux à qui parviendra le présent acte, salut. »

« Sachez que nous avons accepté nos amis et fidèles
« Hugues, comte de la Marche, et Raoul, comte d'Eu,
« pour nos hommes liges. »

« Nous les aimons, en effet, comme nos fidèles et
« hommes liges, nous les soutiendrons, et nous main-
« tiendrons et défendrons intégralement et avec bonne foi
« leur droit contre tous, et nous ferons en sorte qu'en
« quoi que ce soit et de quoi que ce soit, dont ils soient
« revêtus et saisis, ils n'éprouvent dommage ou préju-
« dice de notre fait ou de celui des nôtres, si ce n'est par
« jugement de notre cour, et cela tant qu'ils nous servi-
« ront fidèlement et continueront à se soumettre à notre
« justice (1). »

Mais Jean-Sans-Terre, accoutumé à se jouer de tous
les devoirs, ne respecta pas mieux ceux qu'il venait de
s'imposer ; il n'ignorait pas que Hugues était amoureux,
et que, du consentement même de son frère Richard, il
avait été fiancé à Isabelle, fille du comte d'Angoulême,
mais, comme elle était trop jeune, le mariage n'avait pas
été accompli de suite. La comtesse d'Angoulême venait
d'atteindre sa nubilité, et les noces allaient être célébrées,
quand Jean, cédant à une passion brutale et au mépris
de tous les droits, l'enleva contre son gré et l'épousa.
Un obstacle, il est vrai, plus grave encore que le premier,
s'opposait à cette union ; il avait, alors qu'il n'était encore
que comte de Mortain, pris pour femme la riche héritière
du comte de Glocester, qui lui avait apporté en dot son
comté et le titre de gouverneur de Caen ; le roi d'Angle-

_______________

(1) Rymer, *Acta publica*, t. 1, p. 37.

terre la répudia ignominieusement , et , ajoutant la spo-
liation à l'infamie d'une telle conduite , en repoussant
l'épouse il retint les domaines.

Alors on vit Jean-Sans-Terre, oubliant toute retenue ,
et par une espèce de dérision calculée, choisir la demeure
même qu'il avait volée à sa première femme pour theâtre
de ses orgies avec la seconde , à qui du reste l'éclat de sa
nouvelle fortune et l'entraînement des débauches royales
ne fit pas tout-à-fait oublier ses premières amours. On
sait , en effet, que , vers l'année 1218 , après la mort de
Jean , elle consentit à perdre son titre de reine pour deve-
nir simple comtesse de la Marche et de Toulouse, en épou-
sant Hugues. Plus d'une fois , sans doute, la jeune prin-
cesse , au milieu des fêtes du château de Caen , regretta
son ancien amant. Elle dut verser des larmes au souvenir
du malheureux qui gémissait dans les cachots de la forteresse, dont son mari cherchait à faire pour elle le séjour
des plaisirs. Car , il n'en faut pas douter , c'était par un
raffinement de vengeance que le roi vainqueur à Mirebeau
avait fait du même lieu la prison de son rival , et le palais
d'Isabelle.

Quoi qu'il en soit, la captivité de Hugues le Brun n'eut
pas même une année de durée: forcé par les circonstances,
son ennemi sacrifia sa haine à la politique, et la liberté du
comte de la Marche fut une des conditions auxquelles il
se soumit dans une trève conclue avec le vicomte de
Thouars ; mais cette liberté qu'obtint Hugues ne fut pas
achetée sans peine, et bien qu'il lui fit don en même temps
du gouvernement de la Saintonge, Jean pensait lui-même
qu'il opposerait des difficultés avant de se soumettre aux
sacrifices exigés de lui , quand , en adressant la copie du
traité au connétable du château de Caen , il lui écrivait
de jeter le prisonnier dans une basse-fosse, et de resserrer
ses fers dans le cas où celui-ci n'acquiescerait point aux
conventions stipulées.

Cependant un captif d'une importance toute autre restait entre les mains du monarque, et son caractère bien connu excitait les inquiétudes. Les sympathies publiques en faveur d'Arthur croissaient en raison de la tyrannie de son oncle et du mépris qu'il soulevait. Jean résolut donc de s'en défaire à tout prix. Arthur avait été d'abord renfermé à Falaise, où le prince en personne était venu à plusieurs reprises pour tenter de l'amener à une renonciation au trône et à se détacher du roi de France, mais le jeune homme, loin de céder, avait toujours répondu avec l'assurance que lui donnait la légitimité de ses droits. Jean sortit avec fureur de sa dernière entrevue et donna l'ordre qu'on transférât sur-le-champ son neveu au château fort de Rouen. Depuis ce temps il disparut. On ne sut jamais exactement le genre de mort de l'infortuné duc de Bretagne : seulement on s'accorda pour accuser l'homme qui était le plus intéressé à sa perte ; on dit qu'il avait payé des assassins. D'autres allèrent jusqu'à raconter que, ne pouvant trouver de bourreau, Jean conduisit lui-même sa victime dans une barque sur la Seine, et précipita son corps dans les flots après lui avoir percé le cœur de son épée.

Philippe-Auguste, en politique habile, profita de l'indignation générale, soulevée par ce meurtre, pour donner une apparence de justice et de légalité à ses vues sur le duché, il commença par citer le coupable devant les pairs afin d'y être jugé ; mais comme le roi de France s'y attendait, Jean se garda bien de s'exposer aux chances d'un jugement criminel, et le 30 avril 1203, par un arrêt de la Cour, il fut, par contumace, reconnu traître et félon, condamné à mort et toutes ses terres dépendant de la couronne de France, furent déclarées acquises au roi à titre de réversion. Philippe, exécuteur de l'arrêt, s'empara sur-le-champ de l'Aquitaine, puis entra en Normandie.

Le château Gaillard lui offrit à son début une longue

résistance. Après un faible et vain effort du prince anglais pour la secourir , cette forteresse défendue vaillamment par le brave Roger de Lassy , n'en arrêta pas moins la marche du vainqueur pendant près d'un an , mais , pris d'assaut le 6 mars 1204, sa soumission entraîna rapidement celle du pays.

Jean-Sans-Terre, pendant que les troupes françaises désolaient sa province , et lui enlevaient l'un après l'autre tous ses châteaux , cherchait à oublier ses défaites dans les bras de sa nouvelle épouse. Réfugié à Caen , au milieu des délices de la table et des fêtes de toute espèce que les bourgeois lui donnaient tour à tour , il s'étourdissait sur les dangers de sa position. Quelquefois passant au lit toute la matinée et n'en sortant que pour s'asseoir aux festins qui se prolongeaient fort avant dans la nuit , c'était ivre de vin et gorgé de viandes qu'il recevait les nombreux courriers envoyés de toutes parts pour lui annoncer que la Haute-Normandie était subjuguée , que Conches, Andelys, Radepont étaient enlevés ; qu'Alençon venait d'ouvrir ses portes , qu'il ne lui restait plus que Verneuil , Arques et Rouen. A tout cela , il répondait, comme dans une circonstance analogue et dans l'accès d'une semblable infatuation l'avait fait son aïeul Robert Courte-Heuze : « Laissez faire, j'en reprendrai plus en un « jour qu'il ne peut m'en prendre en un an (1).» Telle était l'inexplicable nonchalance du duc-roi , qu'au moment de

(1) Gaillard raconte, dans l'*Histoire de la rivalité de la France et de l'Angleterre*, t. II, p. 149, que des députés de Rouen étant venus à Caen pendant le siége de leur ville, pour demander des secours à Jean-Sans-Terre, ils le trouvèrent jouant aux échecs. « Il prit, con- « tinue cet auteur, leur requête d'un air distrait: » *nous verrons*, « *dit-il, quand j'aurai fini ma partie.* » Sa réponse, qu'il fit beau- « coup attendre, fut qu'ils se défendissent comme ils pourraient. « *Voilà pour qui nous mourons !* disaient les députés en s'en allant. » Rien ne prouve l'authenticité de cette anecdote, bien que Gaillard renvoie à Mathieu Paris; ce chroniqueur n'en dit rien.

ses plus grandes pertes , il faisait à la famille de Moyon des propositions afin d'obtenir d'elle la seigneurie de Lion pour y bâtir une maison de plaisance ; et qu'il donnait des terres à un bouffon à la charge de faire sa vie durant un service annuel de fou de cour auprès de sa personne. Aussi , dans un siècle ignorant , l'imagination des peuples se hâta-t-elle de rejeter cette indolence extraordinaire et stupide sur des maléfices , et cette léthargie morale fut attribuée à des sortilèges. Il eût été plus juste d'en accuser une conscience bourrelée qui tentait de faire taire des remords à force de plaisirs.

Les barons anglais lassés enfin d'une pareille inaction ne voulurent pas assister plus long-temps aux triomphes de l'ennemi , ils quittèrent leurs postes et se retirèrent secrètement dans leurs possessions d'Outremer. Pour retenir ceux qui restaient encore , Jean les appela devant lui et leur fit prêter serment. Robert Tesson , seigneur de Thury , dénoncé comme devant l'abandonner prochainement , fut un de ceux dont il exigea des ôtages , précaution inutile qui ne fit qu'avancer la défection générale en signalant le peu de confiance du maître en ses sujets.

Alors il eut recours à une dernière ressource , mais loin d'obtenir des résultats favorables , cet essai désespéré acheva sa ruine ; afin de payer des soldats mercenaires , il employa tous les moyens quels qu'ils fussent pour se procurer de l'argent , il fit venir en Normandie tout l'or réservé dans l'échiquier d'Angleterre , il emprunta aux abbayes , aux barons et aux bourgeois ; il aliéna en échange de sommes plus ou moins fortes la majeure partie de ses droits.

C'est ainsi que le 17 juin 1203 , la ville de Caen reçut de lui des lettres d'affranchissement avec tous les droits et libertés attachés à la commune. Falaise et Domfront venaient de se racheter de la même manière ; c'est ainsi qu'il concéda le fief de *La Geole*, dans le Vaugueux , à

Garin de Glapion , sénéchal de Normandie , et qu'il exigea vingt marcs de Jocelyn de Mondeville, pour sa nomination de sénéchal de l'évêque de Lincoln ; c'est ainsi encore qu'il confirma la propriété de la halle au pain et de la halle au poisson , de notre ville, à la famille de Geoffroi , orfèvre de Henri II , qui , dès 1180 , les avait reçues à fief, moyennant soixante sous, monnaie d'Anjou ( deux cents quarante-huit francs environ), payables à l'échiquier de Caen , le jour St.-Michel de chaque année (1).

Se conformant , enfin , aux habitudes de ses prédécesseurs immédiats , il vendit jusqu'à la justice , et le fit avec une effronterie et un oubli de tous ménagements, desquels ceux-ci n'étaient jamais approchés. Thomas de Colleville paya cent marcs pour la garde des enfants de Roger Torpels et de leur terre jusqu'à leur majorité. Jean de Mondeville et sa sœur Agnès , Jean d'Aulnay , Guillaume de Venoix , Nicolas de Bretteville , achetèrent la faculté d'hériter de leurs parents ; le trésor royal reçut quarante marcs de Jourdan de Rots,afin de lui faire avoir la saisine des terres dont son neveu l'avait dépouillé , bien que le père de ce neveu n'en eût jamais été possesseur lui-même et fût mort avant un frère aîné dont Jourdan réclamait la succession ; Hugues Fitz-Ralf donna deux marcs pour poursuivre en justice Elie de Mondeville ; Denise , fille de Robert de Tracy , dut fournir vingt sous pour la jouissance des terres labourables de son père , pendant son pélerinage à Jérusalem ; Roger le Norreis et Gervais Fitz-Guillaume , promirent la quatrième partie , montant à trente livres , des biens qu'ils avaient à recouvrer sur Robert de Rots , pour être autorisés à lui faire un procès et à être remboursés sans délai ; dans une semblable intention , Ernise , fils d'André de Falaise , abandonna au roi la moitié d'une créance de deux cent trente-huit

______

(1) De La Rue, *Essais hist. sur la ville de Caen*, t. 1.

livres d'Anjou , sur une juive de Caen , nommée la
Gentille , tandis que Robert de Harcourt , moyennant
cent marcs, dégagea des biens considérables qui servaient
de garantie aux emprunts par lui faits au juif Aaron ;
Robert de Buron offrit dix marcs , afin de ne pas être
inquiété à cause de l'impossibilité où il était de faire
comparaître devant les juges son serf Blackoker; Roheise
de Douvres et Mathilde de Dives , sacrifièrent , la première, quatre cent cinquante livres, afin d'avoir la moitié
des terres qui avaient appartenu à son aïeul et à son frère,
tant en Angleterre qu'en Normandie et afin d'épouser
qui bon lui semblerait , pourvu que ce ne fût pas un
ennemi du roi , la seconde , cinquante marcs pour
n'être pas contrainte à se marier ; pour que sa fille , au
contraire, pût être mariée du consentement du roi, Othon
de Tilly déposa à l'échiquier trente-huit livres six sous
huit deniers , et pour épouser cette fille d'Othon de Tilly
Henri de Puisac versa sept livres six sous huit deniers.
Les offres de ceux qui réclamaient l'intervention du roi
pour leurs mariages, étaient un de ses meilleurs revenus.
Robert du Tilleul donna cent livres pour la main de la
fille de Pierre de Reviers, avec son héritage; en conséquence
Garin de Glapion , sénéchal de Normandie , le mit en
possession de la jeune fille en faisant défense à la mère ou
aux parents de la cacher; de son côté Richard de Reviers,
imitant la manière dont sa sœur venait d'être enlevée à
sa famille , compta sept cents livres d'Anjou , pour avoir
en mariage Ada de Port , que sa mort rendit bientôt
veuve et qui fut achetée de nouveau par Roger de Planes,
au prix de six cents livres pour le paiement desquelles
des termes furent pris et des cautions fournies (1).

Malgré ces exactions, dont quelques-unes, nous l'avoue-
rons , étaient autorisées par les usages , Jean ne pouvait

_______________

(1) Madox , *History of the Exchequer*, passim.

encore subvenir à la solde de ses troupes mercenaires ; les routiers , commandés par Lupicaire , mal entretenus et mécontents , se vengeaient de leur misère par leur rapacité et leurs mauvais traitements sur les bourgeois et le clergé. Le besoin qu'on avait d'eux et la crainte d'une révolte de leur part, empêchaient de réprimer leurs désordres. L'abbesse de la Trinité de Caen, dont ils dépouillaient chaque jour les gens , fut obligée d'avoir recours aux moyens ordinaires pour mettre fin à leurs fureurs ; elle demanda des lettres de sûreté et ne les obtint qu'en apportant quarante marcs au roi qui , à cette condition seulement , consentit à recommander à son sénéchal d'arrêter les rapines. Jamais les règnes précédents n'avaient présenté de pareilles infamies.

Il faut croire cependant que Jean-Sans-Terre eût pu payer Lupicaire et ses soldats s'il l'eût voulu , mais il eût fallu renoncer à ses plaisirs , et la majeure partie des recettes s'en allait dissipée par les débauches. Cela est si vrai que quelquefois même il n'agissait qu'en vue de satisfaire au luxe de sa table ; on le voit de la sorte accorder à Robert de Lisieux la patente d'une terre possédée précédemment par un certain Adam Tanctin de Caen , condamné par Henri II , pour félonie , avec exemption de service militaire , aides et coutumes pour son commerce de terre et de mer et n'exiger en échange d'autre redevance que celle de livrer vingt chapons à la cour pour les fêtes de Noël.

Pendant ce temps les succès de Philippe Auguste continuaient , et ce prince se disposait à envahir avec des forces nombreuses la Basse-Normandie.

A la nouvelle de ses préparatifs , son lâche adversaire , frappé d'une terreur panique , passa la mer et fut débarquer à Portsmouth avec la reine. Toutefois , avant de prendre la fuite , il chercha à se laver de ce qu'il y avait d'ignominieux dans sa conduite , en rejetant ses fautes sur

les Normands. Il les accusa de l'avoir trahi, et, sous
prétexte qu'ils n'étaient plus dignes de sa confiance, il
reprit violemment les dépôts d'objets que, suivant
l'usage de l'époque, commun aux rois et aux barons, il
avait confiés à la garde de divers particuliers. Robert de
Vieux-Pont, vicomte de Caen, lui rendit cent onze
marcs d'or, quatre-vingt cinq besans, neuf oboles, douze
ceintures de soie avec leurs agraffes en argent, sept
ceintures de cuir avec des agraffes aussi en argent, une
ceinture de fil d'argent, trente-cinq boucles d'or, deux
vases d'argent pour conserver de la thériaque, seize autres
vases et coupes d'argent, et vingt-huit livres, monnaie
d'Anjou, objets tirés du trésor de Simon d'Escures, maire
de Caen. L'évêque de Norwich lui fit également remise
à Caen de tous les ornements royaux dont il était déposi-
taire, de la grande couronne, du glaive, de la tunique,
de la dalmatique, du manteau, du baudrier, des sandales,
des gants, des frettes et des éperons. Il ne voulut, en un
mot, rien laisser qui rappelât son séjour en Normandie,
car il enleva à notre ville jusqu'aux titres qu'elle possédait :
par ses ordres, Pierre de Lions transporta à Londres les
rôles et les chartes de l'échiquier de Caen (1).

Il était facile de prévoir qu'après le départ du souve-
rain la province ne ferait pas une longue résistance : le
roi de France, effectivement, ne rencontra aucun obstacle
dans sa marche jusqu'à Falaise, qui l'arrêta à peine huit
jours et lui fut livré par Lupicaire, ce même chef de

---

(1) On lit dans le *Chartularium cadomense*, manuscrit de M.
De La Rue, tome 1<sup>er</sup>., n°. 40, le passage suivant :

« Le charriage ou voiture que le roi ordonna de fournir pour trans-
« porter tous ces titres prouve combien ils étaient nombreux. Cepen-
« dant il en reste très-peu de cette époque ; on mettrait facilement
« dans un boisseau tout ce qui reste aujourd'hui des rôles de notre
« ancien échiquier dans la tour de Londres. Presque tout a été perdu
« pendant les guerres civiles de l'Angleterre.......... »

routiers dont nous avons déjà parlé , qui, ne trouvant plus rien à gagner à soutenir le parti de son premier maître , passa, avec tous ses gens, sous les ordres de Philippe. Caen , pressé de se rendre , envoya des députés aux Français pour faire sa soumission trois jours avant leur arrivée sous ses murs , et Robert de Gouvix , alors gouverneur de Caen pour Jean-Sans-Terre, fut contraint, après quelques pourparlers préalablement échangés , et encore dans l'intérieur de la cité, d'abandonner le château sans résistance à l'ennemi vainqueur. Philippe-Auguste confia immédiatement le commandement de la place à Guillaume Quarrel , avec le titre de vicomte.

L'exemple de Caen avait été suivi par Bayeux ; tout le diocèse en avait fait autant , et les diocèses voisins, de Séez , Coutances et Lisieux , s'étaient aussi volontairement soumis. Dans cette occurrence, Philippe , afin de se concilier l'esprit des villes qui venaient d'entrer sous sa domination , fit à leurs habitants les promesses les plus séduisantes. Il conserva aux Caennais les droits de commune qu'ils avaient récemment acquis, les autorisa à apposer leur sceau de Gueule au château donjonné d'or , sur les actes faits devant leurs officiers , et à passer leurs contrats devant le maire et les pairs de la ville. Il jura , en outre , que les usages et coutumes illicites, introduits par les fils de Henri II , contrairement à la liberté des bourgeois, seraient abolis.

De son côté, Gui de Thouars , à la tête des Bretons , jaloux de venger Arthur , pénétrait en Normandie par la partie inférieure du pays. Suivi de quatre cents chevaliers et d'une puissante armée, il incendiait le Mont St.-Michel, prenait Avranches, qu'il brûlait également, et, dévastant sur son passage les bourgs et les villages , accourait à Caen joindre ses forces à celles de Philippe-Auguste qui , en l'attendant dans cette ville, organisait son pouvoir et donnait de nouvelles lois à ses nouvelles conquêtes.

Mais l'activité de ces auxiliaires de bonne volonté était un peu redoutable; afin de lui donner une direction moins préjudiciable aux intérêts de sa politique, le roi de France les réunit à plusieurs chevaliers et aux routiers de Lupicaire, et les envoya, sous la conduite du comte de Boulogne et de Guillaume des Barres, vers Pontorson et Mortain, pour veiller à la sûreté des frontières.

Quant à lui, suivi du gros de son armée, il quitta Caen et marcha sur Rouen, qui, fidèle jusqu'à la fin, annonçait, par des préparatifs immenses, vouloir opposer une défense opiniâtre. Ses murailles doubles, en effet, ses triples fossés, sa citadelle, les obstacles naturels offerts par la Seine, et, par-dessus tout, sa population dévouée, retardèrent pendant près de quatre mois le triomphe des Français; pourtant les Rouennais, épuisés par un pénible siége, ayant long-temps et vainement attendu des secours de leur duc, se rendirent par composition le 1er. juillet 1204, et firent comprendre Verneuil et Arques dans leur capitulation. C'était les deux dernières villes qui pouvaient encore tenir, et leur reddition acheva de ruiner en Normandie le parti de Jean-Sans-Terre.

Cette année, les éléments eux-mêmes avaient semblé conspirer contre les Normands, car aux maux de la guerre s'étaient ajoutés les dommages causés par l'abondance des eaux qui submergèrent le pays d'Auge et tout le voisinage de Caen.

Trois siècles auparavant, la province était tombée des mains d'un prince impuissant dans celles d'une nation étrangère, mais énergique. Elle avait eu quatorze ducs normands dont cinq furent rois d'Angleterre. Elle venait de retourner à la France : la faiblesse de Charles-le-Simple l'en avait séparée, celle de Jean l'y faisait rentrer.